✠

MONSEIGNEUR

JOSEPH-ARMAND GIGNOUX

ÉVÊQUE

DE BEAUVAIS, NOYON & SENLIS.

Sa Vie. — Ses Adieux. — Ses Funérailles.
Son Éloge funèbre, prononcé par Mgr Mermillod,
Évêque d'Hébron, Vicaire apostolique de Genève.

BEAUVAIS,

TYPOGRAPHIE DE D. PÈRE, IMPRIMEUR DE L'ÉVÊCHÉ,

Rue Saint-Jean.

1878.

✠

MONSEIGNEUR

JOSEPH-ARMAND GIGNOUX

ÉVÊQUE

DE BEAUVAIS, NOYON & SENLIS.

Sa Vie. — Ses Adieux. — Ses Funérailles.
Son Éloge funèbre, prononcé par Mgr Mermillod,
Évêque d'Hébron, Vicaire apostolique de Genève.

BEAUVAIS,

TYPOGRAPHIE DE D. PÈRE, IMPRIMEUR DE L'ÉVÊCHÉ,

Rue Saint-Jean.

—

1878.

Beauvais, le 3 mai 1878,
en la fête de l'Invention de la Sainte-Croix.

Un grand nombre de personnes ont exprimé le désir de voir publier en brochure l'Oraison funèbre de Mgr Gignoux, prononcée par Mgr Mermillod dans la cathédrale de Beauvais.

Nous avons cru devoir joindre à cet éloquent discours :

Une courte Biographie de notre Evêque ;

La Lettre pastorale où sont consignés ses derniers adieux ;

Enfin, le compte-rendu des magnifiques Funérailles que lui a faites la douleur publique.

En rassemblant ces pages, nous avons voulu rendre un dernier hommage au saint Prélat que nous pleurons encore, et donner aux âmes chrétiennes, avec la consolation qu'elles recherchent, des enseignements qui les toucheront sans doute, venant d'une vie illustrée par tant de vertus et consacrée par tant de regrets.

Les Vicaires capitulaires :

† TH. OBRÉ, *Evêque de Zoara,*
CH. MILLIÈRE.

NOTICE BIOGRAPHIQUE.

Monseigneur Joseph-Armand Gignoux, évêque de Beauvais, Noyon et Senlis, était né à Bordeaux, le 22 juillet 1799.
Son père, ancien officier de marine, occupait dans le grand
commerce bordelais une situation respectée. Sa mère, une
femme admirable de foi et de piété, montra ce que peut
pour l'avenir des enfants l'influence maternelle. Le frère aîné
de Mgr Gignoux est mort vicaire-général de Bordeaux, et sa
sœur a donné à l'Eglise M. Armand Claverie.

Après avoir commencé ses études chez un excellent prêtre
de sa ville natale, Joseph-Armand entra au Petit-Séminaire
dirigé par les Jésuites. Bien jeune encore, il eut la douleur
de perdre sa mère. Au moment de choisir une carrière, il
hésita. Le mouvement naturel d'une âme ardente le poussait
vers le métier des armes. Mais une voix secrète combattait
ce penchant. Le jeune homme sentait qu'une ère nouvelle
s'ouvrait pour la France, et que, dans ce pays dépossédé
de ses antiques croyances, le courage et la vertu auraient
à servir autrement que par l'épée la société renaissante.
Une parole inspirée acheva de l'éclairer sur sa vocation.
Il entendit à Bordeaux l'abbé de Frayssinous, et la lutte
cessa entre les deux instincts de son cœur. Au mois d'octobre
1819, il entrait au Séminaire de Saint-Sulpice.

Là, des maîtres pieux et instruits lui donnèrent, avec la
science théologique, le goût des plus hautes vertus ; là, il
noua des amitiés dont se servit la Providence pour l'attirer
dans le diocèse auquel il devait donner sa vie.

Quand le gouvernement de Louis XVIII rétablit le siége
épiscopal de Beauvais, que la Révolution avait supprimé, le
nouvel Evêque, Mgr de Lesquen, s'occupa tout d'abord d'ins-
tituer un Séminaire, et appela aux fonctions de Supérieur un
jeune prêtre du plus sérieux mérite, M. Mennessier. Celui-ci
invita son condisciple et ami, M. Gignoux, à devenir son
collaborateur. C'est ainsi que le futur évêque de Beauvais

arriva dans notre ville , en 1823 , pour occuper une chaire de théologie au Grand-Séminaire.

L'année suivante, M. Mennessier mourut, et l'abbé Gignoux fut nommé Supérieur. Jusqu'au jour de son Sacre, il travailla, en cette qualité, à la formation du clergé diocésain. Avec quel zèle et quel talent? ceux-là seuls pourraient le dire, qui ont eu le bonheur d'être préparés par lui aux travaux et aux honneurs du Sacerdoce. Le Sacerdoce, c'est-à-dire la meilleure forme du dévouement et l'emploi le plus haut de la vie humaine : tel était le sujet ordinaire de ces Conférences ou lectures spirituelles dont se souviennent encore avec reconnaissance les disciples de ce maître parfait.

En même temps qu'il dirigeait parmi nous l'école de la science sacrée et de la discipline ecclésiastique, il embrassait dans son active sollicitude toutes les œuvres utiles à l'éducation de l'enfance et de la jeunesse. Avec M. Mauger et M. Bessière, il fondait le Petit-Séminaire de Saint-Lucien. Il ouvrait, en 1834, le collége de Goincourt et, deux ans après, l'institution Saint-Vincent de Senlis.

Il prenait d'ailleurs une grande part à tous les actes de l'administration diocésaine. Vicaire-général de Mgr Lemercier (1833-1838) et de Mgr Cottret (1838-1841), il développait les qualités de modération, de prudence et de bonté qui le rendaient éminemment propre au gouvernement des âmes. Chanoine de la cathédrale dès 1825, il fut chargé trois fois, par le suffrage de ses collègues, des fonctions de Vicaire capitulaire.

Ces témoignages publics d'estime et de confiance le signalèrent à l'attention du chef de l'Etat. En 1840, M. Gignoux fut désigné pour l'évêché d'Agen. Il déclina un honneur qui, en le rapprochant de son pays natal, l'eût éloigné de son diocèse d'adoption. Mais appelé, après Mgr Cottret, à prendre rang parmi les successeurs de Saint-Lucien, il ne refusa point de contracter avec l'église de Beauvais une alliance que la mort seule devait rompre. Prêtres et fidèles applaudirent au choix du nouvel Evêque, et l'on sait avec quel éclat se manifestèrent les sympathies publiques, dans les fêtes du Sacre, le 29 mars 1842.

Mgr Gignoux avait fait graver sur ses armes ces mots de Saint-Paul : *Impendam et superimpendar ipse*; *Je sacrifierai tout et je me sacrifierai moi-même*. Il a tenu les promesses de cette belle devise. Jusqu'à la dernière heure, il s'est dévoué pour l'Eglise et pour les âmes.

Il aimait l'Eglise, et rien de ce qui pouvait la réjouir ou l'attrister ne le trouvait indifférent. La définition de l'Immaculée Conception fut pour sa piété un véritable triomphe. Il voulut, malgré son grand âge, assister au concile du Vatican, et unir sa voix à toutes ces voix augustes qui ont proclamé solennellement les principes sauveurs des âmes et des sociétés. A l'heure de l'épreuve, il prodigua au chef de l'Eglise les témoignages de sa filiale sympathie. Plusieurs fois il fit le voyage de Rome pour recevoir les bénédictions de Pie IX, et toujours il rapporta de ses entrevues avec l'illustre Pontife un souvenir attendri. Est-il nécessaire de dire que l'Evêque de Beauvais protesta de toute ses forces contre l'invasion des Etats du Saint-Siége ? Il ne s'occupait guère de politique : les questions qui n'intéressent pas directement la Religion tenaient peu de place dans sa pensée. Il écrivait, au milieu des troubles de 1848 : « L'Eglise n'enchaîne point l'exercice de son ministère aux formes gouvernementales ; elle n'est inféodée à aucun système politique ; elle peut vivre aussi à l'aise sous le régime de la république que sous celui de la monarchie, pourvu qu'on lui accorde ce qu'elle demande avant tout : la liberté de travailler au salut des âmes et au bonheur de tous. » Mais c'est précisément au nom de cette indépendance nécessaire que Mgr Gignoux porta jusqu'à l'empereur Napoléon III et au roi Victor Emmanuel, l'expression des justes alarmes que faisaient concevoir aux catholiques les attentats dirigés contre la propriété ecclésiastique.

Le même zèle pour l'Eglise, qui inspirait à Mgr Gignoux des revendications courageuses, le soutint dans les travaux de sa longue carrière épiscopale. La seule énumération de ces œuvres dépasserait le cadre d'un article nécrologique. Signalons seulement l'institution de cette Archiconfrérie de Saint-Joseph qui compte aujourd'hui des associés dans tous les pays du monde ; — la reconstruction du Petit-Séminaire de Noyon ; — la fondation du pensionnat des Frères et de l'institut agricole, à Beauvais ; — l'érection d'un grand nombre d'églises ; — l'établissement et le développement de plusieurs maisons d'éducation qu'il se plaisait à encourager de sa présence et de ses bontés paternelles.

Il fut un père surtout pour ses prêtres. Il prenait un vif intérêt au succès de leur ministère, les éclairant de ses conseils, et répondant à leurs confidences par les meilleurs encouragements. Avec quel bonheur il se retrouvait chaque année au milieu de sa famille sacerdotale , dans ces retraites ecclésiastiques qu'il animait de sa parole affectueuse et simple !

Cette parole si touchante et si paternelle, qui ne l'a entendue dans le diocèse de Beauvais ? Elle est consignée dans ces nombreux mandements qui resteront comme des témoignages authentiques de la foi de notre Evêque et de sa vigilante sollicitude. Mais elle avait toute son action dans ces tournées pastorales que Mgr Gignoux faisait avec un zèle infatigable. *Cinq fois*, il a visité toutes les paroisses de son diocèse, donnant la Confirmation, annonçant l'Evangile , bénissant les enfants que les mères lui présentaient ou qui venaient d'eux-mêmes, avec la hardiesse ingénue de leur âge, solliciter de lui un regard, une caresse, un souvenir.

Avec les enfants, les pauvres et les malades attiraient son cœur. Préoccupé de venir en aide aux déshérités de ce monde, il égala plus d'une fois, par son courage simple et tranquille, l'héroïsme des plus illustres dévouements. Quand la population ouvrière de Montataire fut si cruellement éprouvée par le choléra, en 1849, on vit l'Evêque de Beauvais se transporter sur le théâtre de l'épidémie, disputer à ses prêtres l'honneur d'administrer les Sacrements, relever les courages abattus, exhorter les mourants et conduire les morts à leur dernière demeure.

S'il se portait avec une continuelle activité sur tous les points de son diocèse, Mgr Gignoux aimait à rentrer dans sa ville épiscopale. Là, il consacrait une partie notable de son temps à écrire ces lettres touchantes où l'on respire un parfum pénétrant de charité et de mansuétude. Là, il était le confident de bien des peines, le médecin des âmes malades. Nul n'accepta de meilleure grâce l'austère mais généreuse servitude de l'*audience épiscopale*. Jamais, sur son visage souriant et doux, le plus importun visiteur ne saisit une autre expression que celle de la bonté.

C'est à Beauvais que notre vieil Evêque a voulu mourir. Frappé d'une attaque d'apoplexie pendant son dernier voyage à Bordeaux (septembre 1877), il se sentit blessé à mort ; mais il revint parmi ceux que Dieu lui avait confiés au jour de sa consécration. Ne pouvant plus remplir tous les devoirs de sa charge, il eut la consolation d'être suppléé par un autre lui-même, par celui qui, depuis 35 ans, était son dévoué collaborateur et son conseiller de plus en plus autorisé. Le dévouement de Mgr Obré lui permit de rester au milieu de son troupeau , et de régler en toute liberté la grande affaire de sa mort.

La mort! il l'a regardée fixement et sans peur. Le dimanche 3 février, il demanda et reçut en grande tranquillité de cœur le Saint Viatique et l'Extrême-Onction. « Je ne crains pas, disait-il à ses prêtres réunis autour de lui, mais priez pour moi... Je sais que j'ai *beaucoup* travaillé, mais ai-je *bien* travaillé? » Jusqu'au dernier moment, il demeura dans ces sentiments de confiance et d'humble résignation. Le 28 février, les ombres de la mort l'envahirent. D'une main déjà glacée, il bénit une dernière fois sa famille, ses amis, ses prêtres, son diocèse toujours présent à sa pensée. Et puis, ce fut la dernière lutte, et, le vendredi 1er mars, à l'aurore du mois consacré à Saint-Joseph, le vénérable Evêque entrait dans son repos éternel.

LES ADIEUX.

Quelques jours avant le douloureux événement, la Lettre suivante avait porté au Clergé et aux Fidèles du diocèse l'expression des derniers sentiments de Mgr Gignoux :

A l'approche du saint Temps de Carême, nous avons dû demander à notre Evêque vénéré, nos très chers Frères, quels conseils et quelles recommandations il desirait vous adresser dans la situation où il se trouve. Son cœur paternel, nous a-t-il semblé, devait, malgré son état douloureux, lui inspirer et nous dicter à nous-même de ces choses qui, mieux que nos idées personnelles, pourraient toucher vos âmes et contribuer utilement à votre salut.

Voici sa réponse. Si elle ne vous arrive pas dans les termes où il l'a exprimée, nous pouvons, du moins, vous donner l'assurance qu'elle traduit exactement sa pensée et ses sentiments les plus vrais. Aussi bien s'est-il approprié, par une approbation toute spéciale, le texte que nous livrons à votre respectueuse attente.

Je sens, nous a-t-il dit, que mes jours s'abrègent, *dies mei breviabuntur*. Je succombe sous le poids de l'âge et des infirmités. Déjà l'huile qui prépare l'immolation de la victime a coulé sur moi; l'heure du sacrifice suprême ne saurait être bien éloignée : *ego enim jam delibor et tempus resolutionis meæ instat*. Que la sainte et adorable volonté de Dieu soit faite! Je remets mon âme entre ses mains, me confiant entièrement en sa miséricorde. Lorsque je serai devant lui, dans ce séjour de bonheur et de paix où j'espère que sa bonté daignera m'admettre, tous mes Diocésains, tous mes enfants bien-aimés en Jésus-Christ peuvent être certains que je ne cesserai de prier pour eux.

Au commencement de mon Episcopat, j'ai pris pour devise et fait graver sur mes armes la parole de dévouement prononcée par le grand Apôtre : *impendam et superimpendar ipse* ; je me dépenserai tout entier, et sans réserve aucune.

Ah! je n'oserais dire que j'ai pleinement réalisé cette devise
si belle et si sainte. Mais il me semble que je ne l'ai jamais
perdue de vue. Le salut des âmes dont la Providence m'a
chargé, a été l'objet de mes préoccupations les plus vives
et de mes vœux les plus ardents, et je me suis efforcé de ne
pas rester trop au-dessous de la tâche qui m'était imposée.
Pendant les trente-six ans qui m'ont été donnés pour travailler
à la régénération et à la sanctification de mon Diocèse, j'ai dé-
pensé de mon mieux, comme je me l'étais promis, ce que
j'avais de forces et de vie, et j'aime à penser qu'il ne me
sera pas demandé un compte trop sévère pour les oublis, les
défectuosités, les erreurs involontaires que j'ai été le premier
à regretter.

J'ai visité aussi souvent que je l'ai pu les nombreuses populations qui composent l'immense famille confiée à mes
soins. Je n'en ai négligé aucune, me faisant un devoir d'aller
partout, dans les paroisses les plus modestes comme dans
celles qui sont plus considérables. Partout aussi, je le dis
avec le sentiment de la plus profonde reconnaissance, j'ai
été l'objet d'un accueil sympathique et respectueux. Le re-
présentant de Dieu a été grandement honoré dans l'auguste
ministère qu'il avait à remplir; le Pasteur a vu les brebis se
rassembler avec empressement à sa voix; le Père surtout
n'a eu qu'à se louer de voir son affection comprise et sentie
par ses enfants spirituels. Mais malheureusement, hélas! il
n'a pas fait tout le bien qu'il avait à cœur. Si ses
exhortations ont été attentivement écoutées, elles n'ont eu
qu'une efficacité assez restreinte. Bien des âmes nous ont
consolé par leur pieuse docilité, mais le plus grand nombre
n'est-il pas resté dans la mauvaise voie dont nous les pres-
sions de sortir? Que de négligences obstinées dans le service
de Dieu! Quel oubli des lois et des pratiques les plus saintes!
Quelles infractions déplorables!

Ah! je vous en prie, rappelez à ces populations pour lesquelles j'offre et sacrifie volontiers le reste de mon existence,
rappelez les avis paternels et les principaux avertissements
que leur a donnés leur Evêque. Dites-leur en leur envoyant
mes adieux et mes dernières bénédictions, qu'il n'y a de
paix dans les sociétés, dans les familles et dans les cœurs
qu'autant que Dieu est connu, aimé et servi. Dites-leur que
l'observation du repos dominical et l'assistance régulière aux
saints offices constituent une des obligations les plus graves
de la vie chrétienne, et que la désertion scandaleuse et trop

générale des églises ne peut que porter malheur à notre cher pays. Dites aux Pères et Mères de veiller avec plus de sollicitude que jamais sur leurs enfants et de ne rien négliger pour leur assurer le bienfait d'une bonne et religieuse éducation. Dites enfin, dites aux hommes dont toutes les préoccupations, les travaux, l'industrie n'ont pour but que la fortune et le bien-être, dites à ces hommes qu'il est une chose plus nécessaire et plus importante que toutes les autres, c'est de sauver leur âme. Que leur servirait-il de gagner et de posséder tous les biens de ce monde s'ils perdaient cette âme pour l'éternité? *Quid prodest homini si mundum universum lucretur, animæ vero suæ detrimentum patiatur?*

Grâce à Dieu, ces grands devoirs et ces saintes maximes ne sont pas méconnus de tout le monde. La Religion compte toujours et partout des disciples fidèles, des enfants obéissants et dévoués. Le nombre ne s'en accroît pas peut-être; mais il semble que leur foi est plus généreuse et leur piété plus fervente. Ils comprennent qu'il faut mettre dans la balance de la justice divine des prières et des bonnes œuvres qui fassent contre-poids aux ingratitudes de tant de mauvais chrétiens. Exhortez-les à persévérer courageusement. Demandez-leur en même temps de prier pour leur Evêque. Beaucoup et beaucoup l'ont fait, je le sais. J'en ai été vivement touché et consolé. Dites-leur qu'en m'en allant, j'en emporte un souvenir bien doux.

Telles sont, N. T. C. F. les recommandations que notre Evêque, toujours semblable à lui-même et dont le zèle ne s'éteindra qu'avec la vie, nous a chargé d'adresser à sa famille diocésaine. Mais vous devez bien le penser, s'il a songé aux membres de cette grande famille, il s'est souvenu tout particulièrement de ceux qui en sont les chefs. Il a eu pour son Clergé des paroles tendrement accentuées que nous regrettons de ne pouvoir reproduire comme il les a prononcées. Nous nous bornons à les traduire brièvement, en les envoyant à ses prêtres avec celles qu'il destine aux simples fidèles.

Son Chapitre, quand il s'est agi de son Clergé, s'est tout d'abord présenté à son esprit. Le Chapitre est en effet le corps le plus élevé dans la hiérarchie diocésaine. Composé des hommes les plus dignes et les plus expérimentés, il est comme le Sénat de l'Evêque. Aussi est-il juste de commencer par lui, quand des circonstances comme celle d'aujourd'hui, offrent à l'Evêque l'occasion de parler de ses Prêtres.

Donc à son Chapitre, Monseigneur envoie ses bénédictions les meilleures. Il félicite **MM.** les Chanoines des exemples de régularité parfaite et de haute piété qu'ils donnent aux Fidèles. Il les remercie cordialement du concours éclairé que la plupart d'entre eux ont prêté à son Administration, et il se recommande avec confiance à leurs prières. Il les sollicite, ces prières, pour le moment présent, parce que son état les lui rend particulièrement précieuses et nécessaires. Il espère en outre qu'elles ne lui feront pas défaut quand il sera entré dans la maison de son éternité, et qu'elles l'aideront à payer la dette suprême que pourra exiger la justice divine.

Il attend le même service charitable de la piété et de l'amour filial de tout son Clergé. Tous les Prêtres ou presque tous sont ses fils en Dieu, soit par l'éducation du Séminaire, soit par leur ordination. Tous sans exception lui sont chers, et bien qu'il se sente prêt à répondre avec soumission à l'appel divin, il ne saurait les quitter sans regret. En retour de son affection dévouée et comme témoignage de la réciprocité de leurs sentiments, il leur demande de travailler avec plus de zèle que jamais à la grande œuvre qui est confiée à leur ministère. Les jours qu'ils ont à traverser sont mauvais : *dies mali sunt.* L'Eglise est continuellement en butte à des attaques tantôt violentes, tantôt insidieuses. Le vent de l'impiété menace de tout dessécher ou de tout renverser. Oh ! qu'ils comprennent bien la nécessité de rester unis dans les liens de la Foi et de la Charité, de continuer à édifier les peuples par l'exemple de toutes les vertus sacerdotales, d'être à la fois prudents et courageux au milieu des luttes à soutenir, de faire front à l'orage et d'espérer toujours, même contre toute espérance : *contra spem in spem.*

Dans ses épanchements paternels, notre bon et saint Evêque ne pouvait oublier ses grand et petits Séminaires. Aussi leur envoie-t-il ses adieux les plus affectueux. Aux Directeurs et Professeurs, il souhaite de continuer sans faiblir leur œuvre de dévouement, de cultiver avec sollicitude les pieuses dispositions de leurs Elèves et de développer de leur mieux les vocations qui doivent assurer le recrutement du Sacerdoce. Ces vocations sont malheureusement trop peu nombreuses. Le refroidissement de la Foi et les calculs de l'égoïsme chez les Parents exercent une influence funeste sur les premières résolutions des Enfants, et les éloignent trop souvent du Sanctuaire et du service des Autels. Puissent du moins ceux qui ont été remis entre nos mains croître dans le respect et l'amour de la sainte Eglise , et se préparer par des vertus solides et par l'acquisition de toutes les connaissances nécessaires aux desseins qu'a sur eux la divine Providence ! C'est le vœu que leur Evêque et père a toujours formé et qu'il forme en ce moment avec plus d'ardeur que jamais , dans l'intérêt de la gloire de Dieu et pour le salut des âmes dans son cher Diocèse.

Est-ce tout? Non. La reconnaissance imposait à l'Evêque un devoir bien doux à remplir, celui de remercier les saints Religieux qui secondent si bien par leurs prières et leur action les efforts du Clergé paroissial. Ce devoir, nous en sommes témoin, il l'a rempli dans toute l'effusion de son cœur, mesurant l'expression de ses sentiments à l'importance des services que rendent ces hommes si exemplaires et si dévoués.

Il a tenu en même temps à ce qu'il soit bien dit aux Congrégations religieuses fondées par lui, qu'il emportera, en quittant ce monde, la consolation de les savoir fidèles à leurs saintes règles et généreusement appliquées à tous les offices qu'elles ont embrassés. — Il tient enfin à témoigner une reconnaissance sincère aux Religieuses des divers Ordres et Congrégations , qui lui sont venues du dehors , pour tout le bien qu'elles font dans leurs emplois respectifs et pour tout le zèle et le dévouement qu'elles mettent au service de son Diocèse. Il n'a nommé en particulier aucune de ces diverses Congrégations, parce que, malgré la diversité de leurs fonctions et l'importance relative de leurs œuvres , il entend les confondre toutes dans les sentiments paternels qu'il éprouve à leur égard. — Et c'est par le même motif qu'il ne nomme pas non plus les œuvres si multipliées de piété, de zèle et de charité qui existent sur la surface du Diocèse. Le Seigneur en connaît les Promoteurs et les Directeurs comme il en connaît les membres , et c'est Lui qui se chargera d'acquitter vis-à-vis d'eux la dette de reconnaissance du Pasteur mourant.

Nous devrions peut-être nous-même , en terminant , dire et publier ce que notre Evêque a bien voulu nous témoigner de bonté et de confiance pendant les trente-quatre ans passés que nous sommes resté près de lui. Mais la situation qu'il nous a faite récemment , malgré tant de raisons qui devaient s'y opposer, ne proclame-t-elle pas assez haut tout ce que nous lui devons de gratitude?... Oui, assurément; aussi nous n'avons rien à dire de plus, parce que nous n'avons rien à apprendre que le Diocèse et surtout le Clergé ne connaissent suffisamment. Mais si personnellement nous n'avons rien à ajouter, nous devons à notre digne Collègue de faire savoir à tous que notre Evêque a apprécié son concours si éclairé et son dévouement si parfait, dans les termes d'une véritable amitié et avec tout l'élan d'un cœur vivement touché. — A l'un et à l'autre, il a voulu donner une dernière bénédiction et il l'a fait avec une bonté dont le souvenir restera ineffaçable.

Donné à Beauvais, au palais épiscopal, sous notre seing, le sceau des armes de l'Evêché et le contre-seing du Secrétaire général, le dix-neuf février mil huit cent soixante-dix-huit.

† THIERRI,

Evêque auxiliaire de Monseigneur l'Evêque de Beauvais.

Par mandement de Monseigneur :

LEGOIX, *Chanoine honoraire, Secrétaire général.*

LES FUNÉRAILLES.

Quand on apprit la mort de Mgr Gignoux, l'émotion fut grande. La chapelle ardente où était exposé le corps du Saint Evêque, devint comme le but d'un pieux pèlerinage. Pendant plusieurs jours, des visiteurs sans nombre se pressèrent autour du lit funèbre, exprimant leurs regrets par des larmes plus encore que par des paroles, et prodiguant aux restes sacrés les témoignages d'une vénération religieuse.

La douleur publique devait éclater surtout dans la cérémonie des obsèques.

Le jeudi 7 mars, dès neuf heures du matin, la ville de Beauvais prenait un air de deuil. Les magasins fermés; les maisons tendues de draperies noires sur lesquelles se détachaient des larmes d'argent et les initiales du défunt; une foule recueillie se pressant aux abords de l'Evêché : tout indiquait l'émotion grave et pieuse d'une cité qui se dispose à remplir un grand devoir.

Vers dix heures, le cortége funèbre, formé au palais épiscopal, se mit en marche dans l'ordre suivant :

L'Hospice des Pauvres ;

Les Ouvroirs de Saint-Vincent-de-Paul et de la Providence ;

Les Pensions de la ville et les Ecoles communales ;

Les Elèves des Petits-Séminaires ;

Le Cercle catholique des ouvriers ;

La Confrérie du Rosaire et les Religieuses des différentes communautés de la ville et du département ;

Deux compagnies du 54e commandées par un chef de bataillon ;

Les Frères des Ecoles chrétiennes ;

Les Elèves du Grand-Séminaire ;

Plus de 400 Prêtres appartenant au diocèse de Beauvais et aux diocèses voisins.

MM. les Chanoines de la Cathédrale terminaient le cortége sacerdotal.

Venaient ensuite NN. SS. les Eveques :

Mgr Obré, Evêque de Zoara ;

Mgr Bataille, Evêque d'Amiens ;

Mgr Regnault, Evêque de Chartres ;

Mgr Richard, Archevêque de Larisse et Coadjuteur de l'Archevêque de Paris ;

Mgr Langénieux, Archevêque de Reims.

Enfin, sur un lit de parade porté par des prêtres, on voyait le corps inanimé de Mgr Gignoux, revêtu des habits pontificaux. Le visage découvert avait conservé dans la mort son expression calme et douce, et tous les fronts s'inclinaient comme pour recevoir du vénéré Pontife une suprême bénédiction.

M. le conseiller de Lattre, président des assises; M. le général Derroja, commandant la subdivision militaire; M. Cotelle, président du Tribunal civil; M. Alavoine, président du Tribunal de commerce; M. Laffon, secrétaire général de la Préfecture; M. Roussel, maire de Beauvais; M. l'abbé Rayé, chanoine; M. l'abbé Marthe, chanoine, supérieur du Séminaire; M. l'abbé Bourgeois, chanoine, et M. l'abbé Thémé, archiprêtre, curé de la Cathédrale, tenaient les cordons du poêle.

Le deuil était conduit par M. l'abbé Millière, Vicaire-capitulaire; par M. Claverie et sa famille.

Derrière eux s'étaient rangés les Conseillers de préfecture, les membres des tribunaux, l'état-major de la place; MM. Léon Chevreau et de Cossé-Brissac, députés de l'Oise; MM. de Corberon, de Mouchy et Albert Desjardins, anciens députés; MM. Prévôt, Plé, Brossart de Beauchêne, conseillers généraux; MM. Tripier et Sébastiani, anciens préfets; MM. Florian de Kergorlay, de Grasse, de Clermont-Tonnerre et de Luçay; les directeurs et les représentants de tous les services du département, les Conseillers municipaux de Beauvais, les membres de l'Association des anciens élèves de Saint-Vincent, etc.

Le deuxième bataillon du 51e et un peloton de gendarmerie fermaient la marche.

Ce funèbre cortège se déroulant lentement à travers la ville; ces soldats silencieux s'avançant, le fusil renversé, au son mat et lourd des tambours voilés; les rues, les places, les fenêtres garnies de spectateurs émus; le ciel chargé de nuages qu'un rayon de soleil perçait par intervalles :

tout cela formait un spectacle plein de tristesse et de grandeur.

Le cortége fit son entrée à la Cathédrale vers onze heures. L'église était toute tendue de noir ; aux angles des piliers étaient suspendues les couronnes offertes par les élèves des Frères et des Dames de Saint-Joseph, et par les anciens élèves de Saint-Vincent. Un catafalque avait été préparé dans le transept : le corps de Mgr Gignoux y fut déposé.

Autour de l'autel dressé à l'entrée du chœur, prirent place NN. SS. les Evêques et les hauts fonctionnaires, à qui des siéges étaient réservés. Les Prêtres occupaient une partie du transept. L'immense basilique suffisait à peine à contenir la foule des fidèles.

Pendant l'office, qui a été célébré par Mgr Meignan, Evêque de Châlons, plus de cent cinquante chanteurs, choisis parmi les élèves des Séminaires et du Pensionnat des Frères, ont exécuté plusieurs morceaux de musique d'un grand et religieux caractère.

Après la célébration du saint sacrifice, Mgr l'Archevêque de Reims a pris la parole, devant un auditoire avide d'entendre exprimer par des lèvres éloquentes la douleur de tous.

L'orateur sacré a cherché d'abord une formule digne de caractériser la vie de Mgr Gignoux. Il a trouvé cette formule dans la belle devise : *Je me donnerai tout entier pour les âmes.*

« L'amour des âmes ! Ce sentiment est né avec la foi, et n'a cessé de grandir dans le cœur de l'Evêque de Beauvais. Dès ses premières années, M. Gignoux apprit à aimer Dieu, non le Dieu vague et indécis de la raison abstraite, mais le Dieu vivant de l'Evangile, le Dieu qui a gravé son image en nous, et qui, pour se faire dans nos cœurs un triomphe nouveau, a voulu s'incarner et mourir pour le salut des âmes. C'est sous l'influence de ce surnaturel amour, développé par l'action d'une mère chrétienne, qu'aux jours de sa généreuse adolescence, M. Gignoux tourna ses pensées vers le sacerdoce, qui est, par essence, dévouement et sacrifice. »

Mgr l'Archevêque a rappelé, en termes émus, le zèle ingénieux et tendre avec lequel M. l'abbé Gignoux, nommé Supérieur du Grand-Séminaire, travailla pendant dix-huit ans à l'œuvre de l'éducation sacerdotale : « Je ne m'étonne plus, s'est écrié l'orateur, je ne m'étonne plus de l'explosion de douleur que sa mort a produite dans le clergé de Beauvais.

Il aimait à ce point ses prêtres, que le nom de Père, pour lui, ne suffit pas : il avait, pour ses fils dans le sacerdoce, toutes les délicatesses et la bonté inépuisable d'une mère ! »

L'énumération des institutions si nombreuses qui doivent au regretté Prélat leur existence ou leur développement, a été terminée par un mouvement oratoire d'une grande beauté : « Permettez que j'acquitte ici la dette de ma reconnaissance personnelle. Il y a, dans le diocèse de Reims, des hommes d'intelligence et de cœur (1), qui, placés à la tête de grandes industries, égalent, dans la société laïque, les merveilles du dévouement sacerdotal. Dans leurs ouvriers, ces hommes voient, avant tout, des âmes, et ils emploient, pour les sauver, plus de zèle que d'autres n'en ont à les pervertir. Ils ont entendu l'ouvrier, égaré par les prédications malsaines ou par les mauvais conseils de la misère, jeter le blasphème de la révolte ou du désespoir. Ils sont allés à lui, et, lui prenant la main avec une compassion tendre, ils lui ont dit : « Pourquoi douter de Dieu qui nous envoie vers toi? Il est « ton Père et le nôtre, et c'est pourquoi nous te nommons « notre frère, et nous te prions de ne pas repousser notre « main fraternelle... » Ces hommes, ces chrétiens, sont sortis des maisons d'éducation que Mgr Gignoux a créées ou développées, et qu'il ne cessait d'animer par sa parole et d'inspirer par son grand cœur. »

Mgr l'Archevêque exhorta ensuite l'auditoire à se pénétrer des beaux exemples que Mgr Gignoux nous a laissés, et que tous, prêtres, magistrats, soldats, représentants de l'industrie ou du commerce, peuvent et doivent imiter dans la sphère de leur action. « L'histoire a pu dire que c'est l'idée chrétienne, représentée par les évêques, qui a fait la France : c'est aussi l'idée chrétienne, représentée et servie par tous les hommes de bonne volonté, qui peut relever notre pays et guérir ses blessures. »

Enfin, dans une péroraison touchante, l'éloquent métropolitain demande à tous des prières pour le regretté Pontife. « Sans doute, paraître devant Dieu après une existence toute de dévouement et de sacrifices, et avec un tel cortége de bonnes œuvres, c'est se présenter à la récompense. Saint et vénéré Prélat, nous ne doutons pas de votre bonheur! Mais ces âmes d'élite, que la reconnaissance a groupées au-

(1) MM. Harmel, directeurs de l'usine du Val-des-Bois, près Reims.

tour de votre dépouille mortelle, vont achever de payer leur dette en priant pour vous. Toutes les voix s'élèveront vers le ciel, car le deuil est ici dans tous les cœurs qui aiment ce que vous avez aimé et servi : Dieu, les âmes et la patrie française ! »

Après l'oraison funèbre, les cinq absoutes d'usage ont été faites par Mgr l'Archevêque de Larisse, NN. SS. les Evêques de Chartres et d'Amiens, Mgr Obré et Mgr l'Archevêque de Reims.

Le soir, à quatre heures, en présence de MM. les Chanoines et de la famille du défunt, le corps a été enfermé dans un cercueil et descendu dans le caveau réservé à la sépulture des Evêques de Beauvais sous le chœur de la cathédrale. C'est là que Mgr Gignoux repose, à côté de ses prédécesseurs Mgr Feutrier et Mgr Cottret.

Oraison funèbre de Mgr Joseph-Armand GIGNOUX

ÉVÊQUE DE BEAUVAIS, NOYON ET SENLIS,

prononcée dans la Cathédrale de Beauvais,

PAR SA GRANDEUR MONSEIGNEUR MERMILLOD

Evêque d'Hébron, Vicaire apostolique de Genève,

LE 8 AVRIL 1878.

Ego autem libentissime impendam, et superimpendar ipse pro animabus vestris.

Quant à moi, je sacrifierai tout et je me sacrifierai moi-même pour le salut de vos âmes.
— II. CORINTH. XII. 15. —

MESSEIGNEURS ET VÉNÉRÉS FRÈRES,

Ces paroles de saint Paul doivent être les premières prononcées dans cette chaire sacrée, lorsqu'il s'agit du pieux Evêque que vous pleurez : elles furent la devise de son blason épiscopal, l'inspiration de ses jours et la trame de sa vie.

Le 29 mars 1842, dans cette cathédrale parée d'un peuple en allégresse, jeune prêtre, il était prosterné sur ce pavé, où il repose de son dernier sommeil : l'éminent cardinal de Reims lui donnait la consécration épiscopale, et prononçait sur lui les paroles de la liturgie sacrée : « Qu'il soit infatigable..... *sit impiger sollicitudine;* qu'il garde toujours la ferveur du bien; qu'il ne trahisse jamais la vérité; que jamais il ne l'abandonne ni sous le charme de la flatterie, ni sous la pression des menaces, *veritatem numquam deserat;* qu'il se dépense pour les sages et pour les insensés; que l'on admire en lui la constance de la foi, la pureté de la dilection et la sincérité de la paix, *abundet in eo constantia fidei, puritas dilectionis, sinceritas pacis.* »

Ces vœux du Prélat consécrateur, ces souhaits du Pontifical romain n'étaient pas seulement une prière; ils apparaissaient déjà avec la certitude d'une prophétie. Trente-six ans se sont écoulés, et pas un jour, pas une heure n'est venue démentir l'admirable unité de cette vie, cette inviolable fidélité aux serments de son sacre et cette fière et glorieuse devise qui est là sur son catafalque funéraire. Trente-six ans se sont écoulés, et dans cette même enceinte, il y a quelques jours, la cité en deuil se trouvait réunie. J'emprunte ici les souvenirs de saint Grégoire de Nazianze et le tableau émouvant qu'il a tracé de Césarée à la mort de saint Basile: « La ville tout entière, dit-il, était en larmes. Les rues, les places publiques étaient remplies; les portiques, le temple, les doubles et triples galeries regorgaient de gens de tout âge, de toute opinion, qui ne s'étaient jamais rencontrés. Tous proclamaient la sainteté, la bonté, les vertus du Pontife que le ciel venait de leur ravir; les pauvres surtout racontaient ses inépuisables aumônes; tous pleuraient un ami, un bienfaiteur, un père (1). »

N'est-ce pas la peinture de Beauvais aux obsèques de Mgr Gignoux? Ce concert unanime des fidèles et du clergé, ces rues parées de sombres tentures, cette foule silencieuse et attendrie s'inclinant devant ce cercueil, avide de contempler une fois encore les traits de son Evêque, et paraissant demander à sa main glacée une bénédiction : n'est-ce pas l'incomparable éloge que la voix populaire a prononcé naguère? Oui, vous avez fait la plus splendide oraison funèbre qui se puisse imaginer : il est impossible d'ajouter à cette solennité des larmes, à ce deuil éloquent du souvenir et des espérances!

Vous me pardonnerez pourtant de n'avoir pas résisté aux sollicitations de votre vénérable Chapitre et de ses collaborateurs fidèles et d'oser vous parler de celui que vous pleurez encore et dont la mémoire est impérissable parmi vous. Déjà, le jour des funérailles, l'éminent Archevêque de Reims a retracé à grands traits cette belle vie et en a fait ressortir les doux et forts enseignements. C'est la tradition chrétienne que, au milieu des derniers honneurs rendus à un Pontife, une voix se fasse entendre; vous accueillerez la mienne comme celle d'un ami lointain. Si la parole de l'hôte

_____

(1) S. Grég. Naz., orat. XLIII

est incomplète, la famille saura combler les lacunes et réparer les oublis. Vous tous, pieux et vénérés Pontifes qui l'aimiez, vous Prêtres qui étiez sa couronne, vous Magistrats, hommes de travail, de naissance et de fortune, c'est à vous qu'il appartient de le célébrer dignement. Je ne veux que vous rappeler comment Dieu le prépara à être Evêque et comment il fut un Evêque fidèle.

Telle sera la matière du discours funèbre consacré à la mémoire de votre Illustrissime et Révérendissime Père en Jésus-Christ, Mgr Joseph-Armand Gignoux, évêque de Beauvais, Noyon et Senlis. Que son souvenir et son cœur élèvent ma parole et mon cœur à une hauteur qui ne soit ni trop indigne de lui, ni trop indigne de vous.

I.

Dieu l'a préparé par la famille, par l'éducation publique, par les dons naturels et par une situation providentielle.

Né à Bordeaux, en 1799, son berceau fut placé entre les dernières commotions d'une révolution sanglante et les efforts généreux d'une résurrection religieuse. Les ruines dont son enfance a été le témoin, les dévouements qu'elles appelaient, lui furent montrés par sa mère, héroïque femme et admirable chrétienne qui mit sur cette âme l'empreinte de sa vigueur et de sa tendresse. Jamais il ne parla sans émotion de cette femme vénérable qui fut l'ange de ses jeunes années. Une sœur aînée, à la haute intelligence, au cœur aimant et droit, s'associait au travail maternel. Joseph-Armand et son frère Emile reçurent au foyer domestique cet enseignement de la religion, ces instincts de la piété qui, plus tard, en firent des hommes de foi et de sacrifice. Emile est mort vicaire général de Bordeaux. Il fut le coopérateur austère et le loyal conseiller de l'illustre Cardinal qui, depuis un demi-siècle, porte sans fléchir l'héritage de Mgr d'Aviau et la popularité de Mgr de Cheverus.

Le jeune Armand dut quitter bientôt cet entourage béni qui avait protégé ses premières années, pour être placé sous la direction d'un prêtre de cette vieille race des forts qui, à l'origine de ce siècle, a formé plus d'un héros du sacerdoce. Son nom ne doit pas être oublié dans cet éloge de son élève. M. Estebenet fut, après sa mère, son premier éducateur;

dans les dernières années de sa vie, Mᵍʳ Gignoux ne parlait
qu'avec une attendrissante reconnaissance de ces deux véné-
rables figures : la mère et le prêtre qui illuminèrent sa jeunesse et en furent les guides bien-aimés.

Son père, homme honorable, gardien fidèle des traditions
sévères et dignes du grand commerce de Bordeaux, avait
jadis parcouru les mers ; fait prisonnier de guerre en Amé-
rique, jeté sur les pontons anglais, il avait, dans le contact
de l'hérésie, oublié les pratiques religieuses, et s'était même
associé aux mystères des loges maçonniques. Ses deux fils
gémissaient, sa pieuse fille priait, tous conspiraient pour
amener la conversion de cette âme si chère. Dieu vint en aide
à leur jeune apostolat.

C'était en 1816 ; alors retentissait à Bordeaux une voix qui
n'a pas cessé d'être célèbre : l'abbé Frayssinous enthousias-
mait les foules, les hommes se pressaient au pied de la chaire.
Joseph-Armand épiait l'action de la grâce dans l'âme de son
père : et l'ayant vu sortir de l'église, il écrivait à son frère
ces paroles : « Notre père est ému ; il se dissimule son émotion, mais je la vois..... Prions pour ce père si tendre, à
qui il ne manque que la religion pour faire de lui un homme
accompli (1). »

Il nous a été donné de parcourir ces lettres d'un jeune
homme de dix-sept ans. Comme tout y respire la pureté la
plus délicate, la plus suave piété et le zèle le plus ardent !
La carrière militaire le séduisait pourtant : il voulait porter
l'épée et combattre pour son pays. Mais bientôt il se reconnaît
une vocation plus haute encore. A l'époque du mariage de sa
sœur, il écrit à son frère, séminariste : « Quand notre père
aurait donné à notre sœur tous ses biens, qu'importe à nous
deux qui nous destinons à la Prêtrise? N'avons-nous pas le
bon Dieu pour nous? Je voudrais disposer de tout ce qui est
à moi en faveur de ma sœur (2). » Plus tard, il écrit encore :
« Mon bien-aimé frère, vous voilà Prêtre, et moi aussi je suis
appelé à le devenir ; mais le poids du sacerdoce est bien ac-
cablant. Je suis toujours au petit séminaire que je ne puis me
résoudre à quitter. Cette maison est l'asile de la piété et de
l'esprit ecclésiastique ; ma santé ne souffre pas de ce séjour,
et je me propose d'y rester aussi longtemps que je le pourrai,

(1) Lettre du 7 janvier 1817.
(2) Lettre du 22 mars 1817.

car je me sens beaucoup d'inclination pour l'éducation des jeunes ecclésiastiques (1). »

Voilà bien cette âme qui se révèle à elle-même, et sa destinée qui s'ouvre sous le souffle de Dieu.

Cette riche et ardente nature, si simple et si expansive, nous rappelle les dons de saint François de Sales. Comme il réussit à comprimer et à gouverner toutes les ardeurs de son tempérament méridional et toutes les saillies de son esprit prompt et alerte! que de fois il fit, comme le doux évêque de Genève, le travail de *prendre son cœur à deux mains*, pour n'en faire jamais sortir que les flammes de l'amour divin et les fortes immolations pour le prochain! Dès lors, il se façonne à la règle, se trace des habitudes chrétiennes ; et toute sa vie, malgré ses prédications sans relâche, malgré ses courses pastorales, malgré ses jours si généreusement dépensés, l'oraison, la communion, la prière intense, ardente et persévérante, furent son aliment quotidien; ce n'était pas seulement un fugitif élan de l'âme, c'était l'entretien perpétuel avec Jésus-Christ !

L'éducation de Saint-Sulpice acheva le travail de Dieu sur cette âme. L'abbé Gignoux n'avait que vingt-cinq ans, lorsque, par un choix mystérieux de la Providence, il fut appelé à être Supérieur du Séminaire de Beauvais. Il faut qu'un homme, à vingt-cinq ans, possède déjà cette maturité précoce des cheveux blancs, dont parle saint Grégoire de Nazianze (2) ; il faut qu'à la puissance du savoir il joigne l'autorité du Père, pour que Dieu le charge de préparer les futurs apôtres d'une nation et les pasteurs des peuples. Cette vie si peu connue d'un Supérieur de Séminaire, laissez-moi vous la révéler.

Dans ces abris, arsenaux sacrés où se forgent, non des armes, mais des âmes sacerdotales, il est un homme, gardien inflexible et serviteur obéissant d'une règle qu'il pratique dans la monotonie des jours, du soleil qui se lève au soleil qui se couche ; un homme qui voit ses forces décroître lentement dans un ministère sans éclat, étudiant tour à tour la science sacrée et les besoins des consciences, façonnant de ses leçons et de ses exemples cette jeunesse lévitique qui lui est confiée : prophète par la lumière, mère par la sollicitude !

(1) Lettre du 12 juin 1821.
(2) Canus erat etiam ante canitiem. S. Grég. Naz., Orat. XLIII. 23.

Voilà l'existence d'un Supérieur de Séminaire ; et pendant
dix-huit ans, on a vu à Beauvais ce beau spectacle d'un
prêtre dépensant avec joie sa jeunesse et tous les trésors de
sa brillante nature dans ce travail de patience et de dévouement !

Ah ! si le monde savait ce qu'il doit à cette création des
Séminaires diocésains ! Relevés en France depuis soixante-
quinze ans, ils ont renouvelé votre pays. Je voudrais pouvoir vous montrer ces phalanges glorieuses, ces générations
de prêtres presque tous sortis des entrailles de votre démo-
cratie française pour glorifier Dieu, soutenir l'Eglise et la
Patrie ; marchant à travers les agitations politiques, debout
dans l'honneur et dans la vertu, et portant à votre pays des
croyances qui le défendent et une force qui le relève !

Préparé par la famille et l'éducation, le jeune Supérieur
était prédestiné, par sa position exceptionnelle, aux charges
redoutables de l'épiscopat. Deux fois, les sollicitations pres-
santes d'un pouvoir bienveillant vinrent le chercher dans son
obscurité (1). Mais il ne pouvait oublier que si l'Eglise a
consenti à ce que le choix des Evêques appartînt aux pouvoirs civils, personne ne peut accepter cette haute dignité
sans être appelé de Dieu comme Aaron. L'abbé Gignoux eut
peur des responsabilités qu'il entrevoyait sous les honneurs
qui lui étaient offerts. Il refusa : donnant ainsi un magnifique
exemple de désintéressement, et montrant une fois de plus
combien sont rares les ambitions téméraires qui oseraient,
sur un signe humain, aller s'asseoir à ce siége élevé, dont les
hésitations de leur conscience ou les inquiétudes du Vicaire
de Jésus-Christ les déclareraient indignes.

Un appel nouveau se fit entendre pour votre Supérieur
de Séminaire : des autorités, auxquelles sa foi ne pouvait
résister, lui imposèrent l'héritage de saint Lucien, et c'est
ainsi qu'il se trouva placé à la tête de cette Eglise de Beauvais, fondée par un martyr, et qui compte encore parmi
ses Pontifes un autre martyr, mort, à la fin du siècle dernier, pour la liberté de la sainte Eglise (2).

Vous n'avez pas oublié les premiers accents de sa voix
épiscopale ; nous ne savons ce qu'il faut le plus admirer,

(1) Le siége d'Agen lui fut offert en 1840.
(2) M⁣ʳ de La Rochefoucauld, massacré à Parisdans le couvent des
Carmes, le 2 septembre 1792.

des frayeurs ou des énergies de cette âme qui, d'un coup d'œil, a mesuré les périls, les devoirs et les secours qui l'attendent.

Nous éprouvons le besoin de redire ces paroles d'outre-tombe, empreintes d'une éloquence que la vie et la mort illuminent de clartés nouvelles.

« Toutefois, vous disait-il, la joie que nous éprouvons en pensant que votre sort est à jamais uni au vôtre, qu'une Eglise qui nous a adopté dès le berceau de notre sacerdoce et que nous servons depuis près de vingt ans, va devenir notre Epouse; cette joie, dis-je, ne saurait détruire nos appréhensions, à la vue des grands et innombrables devoirs que le titre d'Evêque nous impose. L'Episcopat nous apparaît entouré de difficultés et de dangers infinis; la croix qui brille sur notre poitrine n'est que le symbole de cette croix bien rude que Dieu va planter dans notre cœur; l'ornement de notre tête cache une couronne d'épines cruelles; et dans notre faiblesse, il nous est impossible de ne nous point écrier avec Moïse : « Et que suis-je, Seigneur, pour conduire ce grand peuple? *Quis sum ego, ut educam filios Israël*(1) ?

« Qu'est-ce, en effet, qu'un Evêque?

« Ce n'est pas un grand du monde. — Dieu avait donné des richesses à son Eglise, Dieu les lui a retirées, que son saint nom soit béni! (2)

« Déchargé du poids des honneurs, à l'abri de la jalousie qui poursuit les grandes fortunes et les convoite, l'Evêque de notre époque s'avance indépendant et libre, et semblable à saint Pierre, il peut dire aux fidèles : *Je n'ai ni or, ni argent, mais ce que j'ai, je vous le donne ; je vous apporte la Lumière, la vie et la charité ; au nom de Jésus-Christ, levez-vous et marchez*(3).

« L'évêque n'est point un homme politique. Loin de lui les passions et les intérêts qui troublent et divisent le monde! Elevé au-dessus de la terre comme les Anges qui annoncèrent la naissance du Verbe incarné, il proclame la gloire de Dieu, *il annonce la paix aux hommes* (4). Il indique la route qui conduit au Sauveur. Telle est sa sainte et sublime mission. Il n'en veut point d'autre; car il n'a point oublié que son Divin Maître à qui le Ciel et la terre appartiennent,

(1) Exod.
(2) Job, i., 21.
(3) Act. iii, 6.
(4) Luc, 2-4.

déclara néanmoins que son royaume n'était pas de ce monde (1) et dédaigna d'accepter les couronnes que lui offraient la reconnaissance et l'admiration des peuples.

« Qu'est-ce donc qu'un Evêque ?

« Ecoutez la Vérité même, le Fils de Dieu parlant à ses Apôtres, aux premiers Evêques: « Comme mon Père céleste m'a envoyé, je vous envoie ; allez, instruisez toutes les nations, enseignez-leur à garder les préceptesque je vous ai donnés... Tout ce que vous lierez sur la terre sera lié dans le Ciel, tout ce que vous délierez sur la terre sera délié dans le Ciel ! (2).

« L'Evêque est donc Apôtre, il est docteur, il est pasteur, il est législateur. »

Tel fut son programme (3) ; il ne craignait pas de l'exposer à son peuple ; trente-six ans dépensés au service de la doctrine, des âmes et du Clergé sont là pour attester qu'il a tenu parole, et que les réalités ont répondu aux promesses.

II.

Mes frères, la grande préoccupation d'un évêque, celle qui doit être la première dans son intelligence et dans son cœur, c'est la doctrine : c'est un dépôt qui lui a été confié et qu'il ne doit ni trahir, ni laisser amoindrir ; or, on peut dire que votre évêque a conservé ce dépôt, toujours et sans faiblesse. Il redisait la parole de saint Hilaire : « Plaise à Dieu que je meure, plutôt que de trahir les virginales délicatesses de la vérité ! » L'un des premiers dans cette grande province de Reims, il rétablit dans son diocèse la liturgie de la Sainte-Eglise romaine; il voulut que l'harmonie de la prière publique fût une révélation de l'unité des âmes, qui croient et répètent le même symbole dans la même langue expressive et musicale de la foi !

Après cette première heure, il convoque ses synodes diocésains. Vous connaissez ses accents paternels, son langage révélateur sur la discipline ecclésiastique. Mais bientôt

(1) Jean , 18-30.
(2) Matth., 18-18.
(3) Lettre pastorale de prise de possession

naissent des occasions où se manifestera avec plus d'éclat encore son attachement à la vérité.

Ce sera la gloire impérissable de Pie IX d'avoir, au sein des transactions et des ténèbres modernes, affirmé la vérité dans sa pureté et son intégrité, sans la laisser s'appauvrir par les calculs de la prudence humaine. Votre évêque faisait partie de cette pléïade de pontifes qui comprirent la nécessité de rendre à la prière et à l'enseignement cette sécurité et cette force qu'apporte l'adhésion au siége apostolique. Avec quelle joie il apprit la proclamation de l'Immaculée-Conception! Il aimait chaque année à en rappeler le souvenir, et il saluait dans ce grand fait doctrinal comme une démonstration de l'ordre surnaturel, trop oublié de nos sociétés contemporaines, absorbées dans la poursuite des biens matériels.

Attentif à écouter les conseils et à recevoir l'impulsion du Vicaire de Jésus-Christ, il applaudit à l'Encyclique de 1864, parce qu'il voyait, comme Pie IX, les maux de ce siècle; il s'affligeait comme lui des audaces et des négations toujours croissantes de l'erreur, et des timidités qui, sous prétexte de conciliation et de paix, essayaient par l'équivoque ou le silence d'apaiser les haines et de conquérir le succès.

Nous avons été témoin de son attitude si ferme, si calme, dans les grandes assises du Vatican. Près de lui pendant de longs mois, nous admirions avec une joie filiale son esprit si sûr, sa foi si simple. Il discernait tout ensemble les grandes vérités et la nécessité de les appliquer aux temps troublés que nous traversons.

Sur un sol qui tremble et qui ne garde longtemps debout aucun pouvoir, il comprenait que le règne de la vérité sans alliage et sans mélange est nécessaire pour réparer nos ruines et dissiper nos obscurités. Nous l'avons entendu dans cette grande fête de l'unité des âmes, à la dernière session du Concile, chanter le *Te Deum* avec une joie qui révélait en lui la simplicité du croyant heureux et comme une vision du prophète. Ne semble-t-il pas que dans sa Lettre pastorale sur les Constitutions dogmatiques, il ait du même coup d'œil pénétré les profondeurs de la doctrine et les dangers de l'Europe en détresse? Là encore, il est utile de reproduire ses accents, que vous trouverez toujours opportuns.

« Pour les gouvernements temporels, le péril n'est pas dans le dogme proclamé au Vatican; il est ailleurs. Il est

dans cet esprit révolutionnaire qui s'efforce d'effacer tout
sentiment, toute notion même d'autorité dans les âmes.
Les Pères du concile, en inscrivant avec une nouvelle clarté
dans le symbole catholique la vérité divinement révélée de
l'infaillibilité pontificale, ont glorifié l'une des plus hautes
prérogatives de l'autorité spirituelle dans la foi des peuples ;
et du même coup, en vertu de la solidarité qui existe
entre les deux pouvoirs, quoique distincts l'un de l'autre,
ils ont relevé, honoré l'autorité temporelle elle-même dans
leur respect et dans leur soumission. Que les peuples seraient
heureux et que les pouvoirs seraient forts, si cette première
et suprême autorité était respectée comme elle doit l'être.
Alors s'ouvrirait l'ère de la vraie liberté, non de cette
liberté menteuse qui n'est, à vrai dire, que le despotisme
d'une démagogie en démence, mais de cette liberté véritable
où le droit prévaut sur la force. Ah ! qui donc peut faire
régner le droit et la justice, sinon celui qui en est la plus
haute représentation sur la terre, et qui, pour l'affirmer, n'a
pas reculé devant les persécutions les plus brutales et les
plus sanglants outrages (1) ! »

Le recueil de ses instructions pastorales est un monument
de son inviolable attachement à la doctrine : la sève catholique
y circule en abondance, l'enseignement y apparaît dans
sa vigueur ; aucun compromis, aucune réticence ; cependant
l'amour paternel, le souci des âmes éclate dans ces pages,
les plus épiscopales de notre époque, et plus que personne il
mérite cet éloge d'avoir été l'intrépide défenseur de la doctrine
sans tache, dans les tendresses d'une charité sans bornes :
« *Veritatem facientes in charitate.* »

III.

S'il fut docteur, il fut surtout pasteur et père. A peine
consacré Evêque, on dirait qu'il eût fait vœu de se dépenser
tant qu'il lui resterait dans sa famille diocésaine une âme à
sauver, un cœur à consoler !... Il se souvenait de ces belles
paroles, adressées naguère aux séminaristes, lorsqu'il n'était
encore supérieur, et qui avait provoqué dans son jeune auditoire un ardent enthousiasme : « Laissons aux amis du siècle

(1) Œuvres de Mgr Gignoux, t. III, p. 420.

et les honneurs et la fortune et la réputation ; pour nous,
nous serons trop heureux de pouvoir sacrifier nos biens,
notre repos, notre vie, tout enfin, excepté notre âme pour
le salut de celles que la Providence nous confiera : *Ego autem libentissime impendam et superimpendam ipse pro animabus vestris!* (1). Ce fut sa devise et, je le répète, ce fut
sa vie. Sous sa puissante et féconde initiative, des églises
sont restaurées et d'autres sont construites. Les œuvres de
foi, les institutions de charité se développent ; toutes les mi-
lices du dévouement religieux trouvent en lui un père et un
appui ; ce vaste Diocèse voit tout renaître et grandir sous le
souffle de son cœur et par un travail sans trêve. Rien n'arrête ou ne paralyse son zèle, ni la multiplicité des affaires,
ni les défaillances d'une santé débile. Sa modeste maison
épiscopale est bien la maison de tous ; elle est ouverte à
toutes les douleurs, hospitalière à toutes les tristesses ; nulle
âme n'est allée se reposer quelques instants près de ce cœur
paternel, sans en emporter la lumière, la force et la paix.

On a dit de Louis XIV qu'il savait écouter : nul n'a
eu ce don comme votre Pontife. Il recevait toute visite
comme s'il n'avait pas eu le poids de lourdes affaires ; il ne
se refusait à personne, subissant toutes les importunités;
éclairant, soutenant et consolant toutes les âmes inquiètes,
tous les cœurs en détresse. Sa parole lumineuse, cordiale et
grave tout à la fois, saisissait tous ses visiteurs attendris
et charmés. Tous les rangs se sentaient attirés par cette
bonté, suave et ravissante apparition de la bonté de Jésus-
Christ ! Ne croyez pas que ce fût une bienveillance banale,
jalouse de succès humains ; en pénétrant les profondeurs de
son âme, on devinait que l'amour du Sauveur et le zèle de la
sanctification de ses ouailles étaient l'inspiration d'une tendresse sereine, d'un dévouement qui se verse sur tous,
comme la Providence du Père céleste ou les effusions du
cœur du Rédempteur.

Ce zèle infatigable et toujours jeune se révèle surtout dans
la série de ses courses pastorales. Il ne se contente pas
de visiter les paroisses principales : cinq fois il parcourt tout
son diocèse, s'arrêtant à chaque hameau et y résidant autant
que le réclament les besoins de son troupeau, sans souci des
intempéries et des inclémences de l'hiver ou de l'été, sans

(1) Tome II des œuvres, page 351.

compter jamais avec la faiblesse de sa constitution, sans faire une halte de repos, sans que sa tendresse s'émoussât jamais, sans que son activité subît un déclin! Il se donne, il se dépense, puisant dans la fatigue de la veille l'énergie et le courage du lendemain. A l'église, plusieurs fois le jour, il multiplie sa parole; à l'école, il s'assied au milieu des petits enfants, il n'oublie aucun malade; c'est une fête pour son peuple, comme c'est une fête pour ce cœur d'Apôtre.

Les paysans, les humbles travailleurs des champs l'appellent leur père; les ouvriers des nombreuses usines l'accueillent avec respect et confiance; les opulentes demeures, les splendides châteaux semés sur vos collines, sont heureux et honorés de recevoir l'Evêque qui y apparaît rapidement, mais qui y porte, avec la douce majesté du Pontife, les grâces attirantes d'un cœur protecteur du Pauvre et consolateur du Riche.

Mais les privilégiés de votre Evêque, c'étaient les enfants; ils s'approchaient de lui avec l'impétueuse et confiante ardeur de leur jeune âge; son sourire les attirait, sa parole les captivait: ils espéraient toujours de lui une image, une médaille, un chapelet, quelques mots doux et tendres. Ce petit peuple allait à lui, comme à Notre-Seigneur.

Les pauvres formaient aussi sa couronne et partageaient avec les petits les meilleures tendresses de son cœur. Ces bontés sont si attendrissantes qu'il faudrait je ne sais quel pinceau pour le reproduire. Permettez-moi de vous citer deux faits qui vous exprimeront quelque chose de cette douceur et de cette charité.

Un jour qu'il approchait d'un village où il allait donner la Confirmation, il aperçoit sur le bord de la route deux petits innocents vêtus de blanc qui se hâtaient. Il pleuvait et les chemins étaient mauvais : « Où allez-vous mes enfants ? — A l'Eglise, Monseigneur — Vous serez bien mouillés, montez dans ma voiture. » Et il fait placer devant lui les deux enfants émus et ravis. Dans le village, quelle entrée solennelle fit le saint Prélat accompagné de ces deux petits !

Une autre fois, il rencontre au détour d'une route, une humble femme, pauvre villageoise, accablée sous un faix dont sa tête était chargée. Il s'arrête : « Allez-vous à la cérémonie de la Confirmation? — Oui, Monseigneur — Mais vous n'arriverez pas! — Oh, Monseigneur, si je n'avais ce lourd panier sur la tête, j'y serais en même temps que vous ! — Eh bien mettez-le dans ma voiture. » Et bientôt, à la porte de l'église, au grand étonnement des habitants réunis, il faisait descendre ce panier de sa voiture et recommandait qu'on en prît soin.

Il me semble que ce trait touchant rappelle le tableau populaire de l'Archevêque de Cambrai, rencontrant dans la campagne la vache égarée d'un paysan et la ramenant à la chaumière qui l'avait perdue. Le trait de Fénelon est connu de tous : la poésie s'en est inspirée et la peinture l'a immortalisé. Laissez donc passer la voiture épiscopale qui porte le panier de la femme pauvre et les deux petits enfants des champs, pour les soulager dans leur misère et les aider dans leur foi !..

Vous parlerai-je de son culte pour les malades? Dans ses visites pastorales, il se dérobait à la foule pour parcourir les demeures de ceux qui étaient retenus sur leur lit de souffrance ; il s'asseyait à leur chevet, priant avec eux et ne les quittant que résignés ou plus forts. A Beauvais, malgré le souci des affaires, il tenait à connaître ceux de ses diocésains qui étaient malades. Il allait les visiter, et les indigents comme les riches avaient la joie de sa présence et le secours de ses conseils.

En 1849, le choléra sévissait à Montataire. Le fléau décimait les populations ouvrières. Votre évêque s'y précipite, il devient, avec ses prêtres, le serviteur des malades, se multipliant près d'eux, exhortant les moribonds, ensevelissant les morts, ranimant les courages, et montrant à tous les yeux les divins héroïsmes de la charité catholique.

Votre diocèse peut, à juste titre, se glorifier de ce dévouement qui rappelle les plus belles pages de l'histoire ecclésiastique ; Beauvais a son pontife qui s'immole, comme jadis Marseille eut Belzunce, et Milan le cardinal Borromée. N'avais-je pas raison de vous dire que les âmes furent l'objet de sa persévérante sollicitude? Ni les infirmités ni le poids des ans ne pourront ralentir son ardeur : au déclin de sa vie et quoique brisé par les infirmités, il aura le même zèle ; c'est le devoir, c'est la conscience, c'est l'attrait qui le porte à se sacrifier toujours : toujours il est le bon pasteur, fidèle à sa devise : *impendam et superimpendar ipse.*

IV.

Cette ardeur généreuse qui le poussait vers les âmes pour les consoler dans leurs douleurs et les soulager dans leurs détresses ne lui faisait en rien négliger le soin de son Diocèse.

Jeune évêque, son administration était celle d'un pontife mûri par l'expérience de la vie, la pratique des affaires et la connaissance des hommes. Le temps était précieux pour lui ; patient, il était obsédé sans paraître importuné, il se hâtait sans être pressé, il écoutait sans se montrer fatigué. Discret, il portait un sceau à ses lèvres, et on ne lui surprit jamais une parole inconsidérée. Impartial, il était à tous ; ferme comme quiconque n'avance que par devoir, l'impopularité ou l'approbation ne le firent jamais dévier, et il n'abordait les affaires qu'avec ce double esprit de foi et de dévoûment qui ne subit jamais ni l'influence humaine ni la lassitude.

Mais ce qui forme surtout la vie catholique dans un diocèse et ce qui la perpétue, c'est l'éducation du clergé ; entre l'évêque et ses prêtres doivent exister ces rapports de paternité et de confiance filiale qui sont la force, la joie et l'honneur de tous. Son séminaire était son lieu de délices. Lorsque l'épiscopat fut imposé à son zèle, il n'avait ni évêché ni séminaire. Sans s'occuper d'avoir une demeure digne de son rang, il réclame avant tout que l'asile des élèves du sanctuaire soit construit. Les murailles à élever ne sont pour lui qu'un premier travail : ce qu'il veut avant tout, c'est l'éducation sacerdotale dans toutes les exigences d'une piété élevée, d'une vigueur disci-plinaire et d'une science doctrinale parfaitement sûre. Les séminaristes étaient là constante sollicitude de son cœur, et l'on a pu dire que l'évêque était resté le chef, le guide et le père de cette famille lévitique.

Certes, si, à toute époque, l'Église a eu les attentions les plus scrupuleuses pour le recrutement et la formation du corps sacerdotal, de nos jours cette terreur maternelle augmente. Les classes élevées qui portent dans leurs archives de grands souvenirs, ou qui sont douées des opu-lences de la fortune, connaissent moins que dans les temps antiques ce chemin royal du sanctuaire ; elles laissent trop souvent aux familles laborieuses des champs le privilége de servir les saints autels. Mais, que de difficultés viennent faire obstacle à l'effusion du sens sacerdotal et de la science sacrée. Les foyers n'ont plus la tradition chrétienne et patriarcale de la foi et de la simplicité ! L'ambition suscite les déclasse-ments nombreux ; l'atmosphère intellectuelle et le courant des idées détruisent les vocations dans leurs germes ; les ha-bitudes d'indépendance, le besoin de critique, la faiblesse même des tempéraments, l'amoindrissement des caractères, ont contribué à rendre difficile la formation de prêtres tels que l'Eglise les veut, de prêtres aux fermes principes, aux vigueurs indomptables, aux tendresses miséricordieuses ; de prêtres qui devraient avoir tout à la fois l'intelligence et le cœur de saint François de Salés et de saint Vincent de Paul.

Votre évêque, avec son intuition paternelle, avait compris ce premier et grand devoir de la charge pastorale. Les petits séminaires de Saint-Lucien et de Noyon étaient l'objet de ses plus tendres préoccupations : il voulait qu'ils devinssent deux foyers d'où la science et la piété rayonneraient sur le diocèse tout entier.

Il allait fréquemment au Grand-Séminaire, il présidait les examens, se mêlait aux récréations, et tous les vendredis, donnait des conférences spirituelles. Il y avait tant de charme dans cette parole, tant de piété et de grâce, que les prêtres de la ville se joignaient à son jeune auditoire.

Il ne se bornait pas à ces allocutions générales, il connaissait les élèves du sanctuaire par leur nom ; il observait leur caractère et discernait leurs aptitudes. Avec quelle patiente attention il écoutait les confidences ! Jamais il n'avait de joie meilleure que lorsque les maîtres pieux et doctes de sa maison ecclésiastique lui parlaient des nobles espérances de son séminaire. Sa porte était ouverte, comme son cœur, aux candidats du sanctuaire ; mais surtout, ce qui éveillait ses alarmes, c'était l'époque des ordinations. Pour lui, la formule traditionnelle du Pontifical romain n'était pas une banale interrogation ; lorsque le pontife, inquiet, demande à l'archidiacre : « Savez-vous s'ils sont dignes de l'honneur qui va leur être conféré ? *Scis illos esse dignos ?* » Il voulait que sa conscience eût reçu sa réponse longtemps avant la solennité de la cérémonie ; il avait suivi ces jeunes âmes ; dans les luttes de la nature et les mouvements de la grâce et plusieurs semaines avant leur consécration, il les voyait souvent, leur communiquant les trésors de sa sagesse et de sa prudence.

Ne vous étonnez donc pas s'il a réussi à doter votre diocèse de cette succession ininterrompue de prêtres pieux et instruits qui, depuis un demi-siècle, travaillent à la régénération d'un peuple qui pourrait facilement oublier les grands devoirs chrétiens, au milieu des succès de son industrie ou de la richesse de ses fertiles campagnes.

S'il aimait ses Séminaristes, quelle n'était pas son affection pour ses Prêtres. Ah ! il y a quelque chose qui nous est donné à nous Evêques ; à l'heure où nous nous jetons sur le pavé du temple, et où nous nous relevons, l'auréole sur la tête et le bâton pastoral à la main, il y a quelque chose qui nous est donné c'est l'amour de nos prêtres ! Mais comment Mgr Gignoux a aimé son clergé, c'est ce qu'aucune parole ne saurait dire. Ses prêtres, jamais il ne les traitait avec hauteur ; il les honorait comme les ministres de Jésus-Christ, il les appelait ses enfants; et, de fait, ne les avait-il pas presque tous engendrés à la dignité sacerdotale ? Nous avons été l'heureux témoin de cette cordialité, et nous ne savions qu'admirer le plus : de cette bonté incomparable de l'Evêque, ou de cette confiance sans bornes d'un clergé si digne de le comprendre. Quel accent paternel dans ses lettres ! Avec quelle tendresse il accueillait les ecclésiastiques qui venaient le visiter ! Ceux même dont la conduite imprudente avaient affligé son cœur si délicat, avec quelle indulgente miséricorde il leur ouvrait les bras ! Comme il les reprenait doucement et leur traçait avec sagesse une ligne de réparation ! Pour tous, quelle inquiète sollicitude ! Comme il prenait part à tout ce qui leur arrivait ! Il connaissait les dangers de leur isolement, les amertumes de leurs efforts infructueux ! Comme il savait les consoler dans leurs tristesses, relever leur courage, plaider leur cause et prendre leur défense quand leurs droits étaient attaqués ou violés !

Aussi, jamais évêque ne posséda-t-il à un pareil degré l'affection de son clergé. Quand on apprit sa mort, il n'y eut qu'un cri dans tout le diocèse, et, le jour de ses funérailles, quatre cents prêtres se réunissaient dans un même deuil autour de ses dépouilles mortelles, pour rendre un dernier hommage à Celui qui les avait tant aimés !

Cette large tendresse dont il enveloppait son clergé n'était pas exclusive ; elle s'étendait aux congrégations religieuses dont il était le promoteur et l'appui. Il se réjouissait de posséder dans son diocèse la famille de Saint-Benoist, les pieux Maristes et les Pères infatigables du Saint-Esprit. Son âme d'Evêque comprenait le devoir de la sanctification des épouses du Christ. Il avait fondé lui-même la Congrégation des Filles de la Compassion et celle des Petites-Servantes de Marie Immaculée. Il aimait à visiter leurs pieux asiles ; il écoutait ces âmes virginales, et il se faisait le guide de ces consciences jalouses de monter dans les ascensions mystiques de la vie surnaturelle.

En même temps votre Evêque s'occupait activement de l'éducation de la jeunesse. Les colléges se développaient sous sa puissante impulsion. Au moment des grandes luttes de la

.iberté d'enseignement, il prit sa place parmi les vaillants d'Israël qui défendirent les droits de Dieu et de la France chrétienne. Il ne se bornait pas à faire retentir des cris d'alarme, il fonda cette institution de Senlis, dont le présent est une bénédiction et dont le passé a jeté dans les hauteurs sociales tant d'hommes qui honorent et servent leur pays, par leur esprit de foi et la dignité de leur vie. Et votre école professionnelle d'agriculture n'est-elle pas un monument de son zèle, et un grand effort pour réaliser dans ce pays l'alliance bénie de la vie des champs et de la religion ?

Je devrais m'arrêter là ; mais vous ne me pardonneriez pas de ne point vous redire quel ardent amour il portait à l'Eglise et à son chef infaillible !

L'amour de l'Eglise fut comme la passion de sa vie, et ses prêtres se rappelleront toujours quelles paroles brûlantes il trouvait, lorsqu'il racontait les gloires, les joies et les douleurs de cette Mère immortelle des âmes et des peuples. Ses œuvres pastorales gardent l'empreinte fidèle de son enseignement comme de sa préoccupation constante. Son cœur battait de tous les battements de l'Eglise, et jamais il ne garda le silence devant les opinions ou les actes qui mettaient en péril la vérité ou la liberté de l'Eglise. Il se souvenait des leçons de son sacre ; l'évêque ne doit jamais déserter, par crainte des menaces ou par le péril de la séduction, la vérité dont il est le gardien.

Lorsque des devoirs de haute convenance l'appelaient à s'asseoir à la table du chef de l'Etat, dans le palais de Compiègne, il y portait la dignité épiscopale, parée de la simplicité de sa vertu et de l'indépendance de sa parole. Un jour, saisissant l'occasion où il se trouvait seul avec l'Empereur, il osa lui exprimer, dans les termes les plus respectueux et les plus mesurés, mais avec un courage tout apostolique, le douloureux étonnement des cœurs chrétiens, devant des mesures qui portaient atteinte au droit de l'Eglise.

Une autre fois, le roi d'Italie se trouvait l'hôte de l'Empereur. Rome n'était pas encore envahie ; mais le vaillant archevêque de Turin subissait la peine de l'exil, parce qu'il avait été fidèle à sa conscience et à l'honneur. Votre pieux évêque ne crut pas manquer aux courtoisies de l'hospitalité, en disant à ce monarque étranger, avec une magnanime intrépidité : « Sire, cela ne porte jamais bonheur aux dynasties d'exiler les Evêques ! »

Pie IX, nous le savons, connaissait Monseigneur Gignoux ;

il l'aimait, j'ose le dire, comme un ami dévoué et comme un fidèle serviteur de la papauté. C'est avec de délicates instances que le Saint-Père s'informait de sa santé ; et il redisait aux pélerins de Beauvais: « Votre évêque est comme moi, bien affaibli ! »

Ah! si le corps fléchissait sous le poids des années, l'intelligence, comme chez Pie IX, gardait toutes ses vives et promptes lumières, le cœur toutes ses ardentes flammes, et la parole toujours le même charme. Aussi la mort du Souverain-Pontife fut-elle pour le doux Prélat un véritable coup de foudre. Les prêtres fidèles qui l'entouraient durent employer les plus délicats ménagements, avant de lui révéler le grand deuil du monde chrétien. A cette nouvelle, les larmes jaillirent de ses yeux et il s'écria avec une profonde tristesse : « Que la volonté de Dieu soit faite ; l'Eglise vient de perdre un grand Pape. » Il eut la consolation de recevoir une dernière bénédiction de Pie IX et les prémices de celle de Léon XIII ; et c'est ainsi que sur le cœur de l'Eglise il abrita ses dernières souffrances et rendit son dernier soupir.

Il aimait aussi la France, et sa grande âme s'indignait en entendant ces étranges récriminations qui, de nos jours, tendent à établir un antagonisme entre la Religion et le Pays, entre l'Eglise et la Patrie? Notre époque ne ressemble-t-elle pas à celle que décrivait le prophète Osée, quand il disait à Israël : « Ne cherche point à faire entendre maintenant ni le langage de la justice, ni la voix du raisonnement ; car ton peuple ressemble à une multitude insurgée contre le prêtre ; et tu vas crouler tout-à-l'heure. »

N'avez-vous pas gardé souvenir de ces accents déchirants, de ces cris de profonde tristesse, lorsque dans des pages qu'on ne peut relire sans émotion, il vous décrivait avec le pinceau des prophètes les calamités de notre chère France. « La guerre, c'est l'heure des transes amères et des grandes douleurs... Que sont devenues nos prospérités et nos gloires? Où sont nos joies et nos fières espérances?... Naguère la France appelait tous les peuples à venir contempler les fruits admirables de son travail et de son génie, et voilà que ses riches provinces sont livrées à l'invasion... »

Les douleurs n'étaient pas sans espoir ; il vous montrait la puissance purificatrice de l'épreuve, et faisait briller à vos yeux l'arcen-ciel de la clémence. Nul plus que lui ne croyait au relèvement de la France, et il vous répétait encore : « Loin de nous les pensées du découragement! Sachons prendre patience, et sachons espérer ! »

Hélas ! la souffrance allait l'atteindre aussi. Il avait conduit plusieurs fois ses fidèles pèlerins au sanctuaire de Lourdes ; c'est non loin de ce sanctuaire qu'il fut frappé ! L'épreuve, paralysant ses membres, le clouait sur son fauteuil, et il n'eut pas la consolation de consacrer lui-même cet Auxiliaire qui, pendant quarante ans, fut l'ami fidèle, le compagnon de ses travaux et l'appui de son dévouement pastoral (1).

Vous connaissez tous la sérénité courageuse de sa fin : au milieu de ses souffrances, il songeait à son diocèse, à ses prêtres, à l'Eglise, et il regarda la mort avec le regard d'un saint. Plus que jamais, sa devise se reproduit encore et se complète par les autres mots de saint Paul : « Ma vie, c'est Jésus-Christ, et la mort m'est un gain. »

C'était au matin du premier jour du mois de saint Joseph, son Patron bien-aimé et le Protecteur de la sainte Eglise. C'était à l'heure où, chaque jour, il montait au saint autel, commençant le psaume *Introibo ad altare Dei.*

Oui, il s'est approché du Dieu qui avait réjoui sa jeunesse, qui avait béni les travaux de son âge mûr, et qui est enfin devenu la récompense de cette vertu toujours fidèle à elle-même, de cette vie si admirable dans l'unité de l'immolation ! Voilà comment vivent et meurent les Evêques !

Il y a bien des siècles que cette race, toujours jeune, se perpétue dans l'Eglise et au sein des peuples. Ce sont eux qui ont formé les nations à leur berceau, qui ont civilisé cette Europe oublieuse de leurs bienfaits. Ce sont eux qui ont écrit sur le sol du monde les paroles sacrées de la vérité, du droit, de la justice et de l'honneur. Les âges futurs raconteront ces généreuses fatigues de l'épiscopat français dont votre évêque fut un des plus nobles modèles : ils rediront quelles lumières, quels sacrifices ils ont apportés au service des sociétés en ruine et des nations en poussière.

Dormez donc, doux Serviteur de Dieu, dormez pieux Pontife, sous les dalles de cette cathédrale dont vous avez été la vie et l'ornement. Sur votre tombe, à la clarté de votre enseignement et au souvenir de vos œuvres, les prêtres apprendront les secrets de la sainteté et du zèle apostolique ; les fidèles puiseront le courage du devoir et les consolations de la vie.

Déjà sont allées audevant de vous toutes les âmes dont vous

---

(1) Mgr Obré, évêque de Zoara, *in partibus*, et depuis trente-cinq ans vicaire-général de Mgr Gignoux.

avez consolé l'agonie , tous les prêtres tombés avant vous dans vos glorieux sillons.

Que Saint-Joseph, sur le front duquel vous avez placé un brillant diadème, au milieu de votre cité en fête et de votre peuple dans l'allégresse, que Saint-Joseph vous accueille, vous son fils et son client bien aimé ! Que la Vierge immaculée , dont vous avez tant de fois proclamé la grandeur, vous reçoive avec son doux sourire, vous, son pontife de prédilection ! Que le Seigneur Jésus dont vous étiez l'apôtre, et que vous avez tant aimé ici bas, vous apparaisse dans sa douceur et sa bonté infinie! *Mitis atque festivus Christi Jesu tibi aspectus appareat.*

Enfin que votre mémoire suscite, dans notre âge tourmenté, des prêtres et des évêques qui , comme vous, ô saint Pontife, sachent , en s'immolant, être des hommes de prière, de vertu et de sacrifice, des hommes qui soient la gloire de Dieu , l'honneur de l'Eglise , les serviteurs de la patrie et la bénédiction des peuples!